Name _____

Address _____

City, State, Zip _____

Home Phone _____

Cell Phone _____

Email Address _____

Welcome to Private Prep!

We're so excited that you've decided to work with us. Our mission of helping students learn to thrive means that we aim to help students achieve success, not only in academics but also in their communities and their personal pursuits. To that end, we are proud to offer this planner as a tool to support you in setting priorities and managing your time well.

Here's how it works:

In partnership with Order Out of Chaos, our planner employs an award-winning grid layout and design, enabling you to see when assignments are due and tests scheduled, alongside after-school and weekend commitments and free blocks of time. By viewing your week laid out this way, you'll be able to better "see" and manage your time. Visualizing open blocks of time can help break down multi-step and long term projects into manageable parts. It also enables you to plan out your weekly workload and feel more in control of your schedule and time. With plenty of room for notes, you'll be able to track your to-do items and reminders as necessary.

We've also included tools for laying out a weekly schedule, breaking down long-term assignments, and setting study plans—processes integral to your success. We hope that this planner will help you set goals, make plans to achieve them, and follow-through, but remember: we're always here to help you on that journey.

Check out our executive functioning resources at www.privateprep.com to learn what else you can do to manage your responsibilities or reach out to your director to work with an executive functioning coach on personalized systems and strategies for achieving your goals.

We're looking forward to seeing your growth!

Jenna Prada
Director of Executive Functioning at Private Prep

Tips for using this planner

- [x] Including "Planning & Organizing" as a subject so that you set aside time to make a weekly plan, take stock of your priorities, and re-organize your backpack and binders.

- [x] Schedule regular time dedicated to long-term projects to avoid procrastination on essays, projects and studying for tests. This is alsp the perfect time to reach out to teachers with questions about content or grades.

- [x] Record all after school activities, weekend commitments, and even plans with friends in the planner so you can see your available blocks of time to get things done.

- [x] Write "No Homework" if none has been assigned to ensure that you haven't forgotten to record an assignment.

- [x] Even if you use a web platform to review upcoming assignments, write them in your planner so that everything is easily visible in one place.

- [x] Never rely on your memory alone. Write down everything you need to remember. The act of writing actually commits things to memory.

- [x] Only check items off as "done" after you turn them in.

- [x] Use sticky notes to remind yourself about an important assignment due dates or an upcoming school event.

- [x] To build time awareness, enter the amount of time you spend on each assignment right in the planner.

- [x] If you're a visual learner, consider color coding subjects and events or adding symbols to make important due dates stand out.

The key to planning is having an accurate awareness of time and how you want to spend it. This planner has space for daily planning, but we recommend defining the big picture first.

Make a Zero Balance Time Budget

Here's how to budget the hours in your week: complete the table below by estimating the hours per week you spend on each task. Add tasks we missed and adjust your numbers until you've accounted for exactly 168 hours—the number of hours in a week. You may notice that some of your weekly hours could fit into multiple categories. For instance, maybe you play video games with friends. When that's the case, only count the hours once and do so in the category that is more important to you. If it feels impossible to accurately estimate the amount of time required for certain activities, spend a few days tracking how you actually use your time and use that data to guide you.

TASK, ACTIVITY, OR PRIORITY	TOTAL HOURS SPENT PER WEEK	SUBTRACTED FROM 168 HOURS
Hours I spend in school		
Hours I should spend on homework		
Hours I spend traveling		
Hours of sleep (ideally 56 at a bare minimum)		
Hours I spend eating		
Hours I spend getting ready (hair, brushing teeth, showering, dressing)		
Hours I spend with family		
Hours I spend with friends		
Hours I spend doing chores		
Hours I spend working		
Hours I spend on social media		
Hours I spend watching tv/playing video games		
Hours I spend exercising		
Hours I spend in clubs or organizations		
Hours I spend playing sports		
HOURS REMAINING:		

Long Term Project Planning

TODAY	PROJECT:	DUE DATE
	Subject: Prompt: Guidelines:	

HOW MUCH TIME DO YOU HAVE? _____

Ok, now it's time to plan—backwards! Start at the end (your due date), and work your way to the beginning (today or tomorrow), step by step.

STEP	TASK	DUE DATE
END	Submit...	
START		**TODAY**

Now, add the dates for each step to your calendar!

CHECK-IN CHECK-OUT Is there anyone else who needs to be involved in this process? Group members, parents, a check-in with your teacher? What about anything else you need? A rubric to look through? Supplies?

Done	Who / What / Where?	When?

Classes

28 Monday	Block	29 Tuesday	Block	30 Wednesday	Block
	Done		Done		Done
	Done		Done		Done
	Done		Done		Done
	Done		Done		Done
	Done		Done		Done
	Done		Done		Done

After School			
2:00 PM			
3:00 PM			
4:00 PM			
5:00 PM			
6:00 PM			
7:00 PM			
8:00 PM			

1 Thursday	Block	2 Friday	Block	3 Saturday
				8a
				9a
				10a
Done		Done		11a
				12p
				1p
				2p
Done		Done		3p
				4p
				5p
				6p
Done		Done		7p
				8p

4 Sunday

Done		Done		8a
				9a
				10a
				11a
Done		Done		12p
				1p
				2p
				3p
Done		Done		4p
				5p
				6p
				7p
Done		Done		8p

Remember To:

Notes

Classes	5 Monday	Block	6 Tuesday	Block	7 Wednesday	Block
		Done		Done		Done
		Done		Done		Done
		Done		Done		Done
		Done		Done		Done
		Done		Done		Done
		Done		Done		Done
		Done		Done		Done

After School			
2:00 PM			
3:00 PM			
4:00 PM			
5:00 PM			
6:00 PM			
7:00 PM			
8:00 PM			

8 Thursday	Block	9 Friday	Block	10 Saturday
				8a
				9a
				10a
	Done		Done	11a
				12p
				1p
				2p
	Done		Done	3p
				4p
				5p
				6p
	Done		Done	7p
				8p

Notes

11 Sunday

8a	
9a	
10a	
11a	
12p	
1p	
2p	
3p	
4p	
5p	
6p	
7p	
8p	

Done	Done

Remember To:

Classes	12 Monday	Block	13 Tuesday	Block	14 Wednesday	Block
		Done		Done		Done
		Done		Done		Done
		Done		Done		Done
		Done		Done		Done
		Done		Done		Done
		Done		Done		Done
		Done		Done		Done

After School			
2:00 PM			
3:00 PM			
4:00 PM			
5:00 PM			
6:00 PM			
7:00 PM			
8:00 PM			

15 Thursday	Block	16 Friday	Block	17 Saturday

				8a
				9a
				10a
	Done		Done	11a
				12p
				1p
				2p
	Done		Done	3p
				4p
				5p
				6p
	Done		Done	7p
				8p

18 Sunday

				8a
				9a
				10a
	Done		Done	11a
				12p
				1p
				2p
	Done		Done	3p
				4p
				5p
				6p
	Done		Done	7p
				8p

Remember To:

Notes

Classes	19 Monday	Block	20 Tuesday	Block	21 Wednesday	Block
		Done		Done		Done
		Done		Done		Done
		Done		Done		Done
		Done		Done		Done
		Done		Done		Done
		Done		Done		Done
		Done		Done		Done

After School			
2:00 PM			
3:00 PM			
4:00 PM			
5:00 PM			
6:00 PM			
7:00 PM			
8:00 PM			

22 Thursday	Block	23 Friday	Block	24 Saturday
				8a
				9a
				10a
	Done		Done	11a
				12p
				1p
				2p
	Done		Done	3p
				4p
				5p
				6p
	Done		Done	7p
				8p

25 Sunday
8a
9a
10a
11a
12p
1p
2p
3p
4p
5p
6p
7p
8p

		Remember To:

Notes

August 2021

Sun	Mon	Tues	Wed	Thurs	Fri	Sat
1	2	3	4	5	6	7
8	9	10	11	12	13	14
15	16	17	18	19	20	21
22	23	24	25	26	27	28
29	30	31				

Classes

	26 Monday	Block	27 Tuesday	Block	28 Wednesday	Block
		Done		Done		Done
		Done		Done		Done
		Done		Done		Done
		Done		Done		Done
		Done		Done		Done
		Done		Done		Done

After School			
2:00 PM			
3:00 PM			
4:00 PM			
5:00 PM			
6:00 PM			
7:00 PM			
8:00 PM			

29 Thursday	Block	30 Friday	Block	31 Saturday		Notes
				8a		
				9a		
				10a		
	Done		Done	11a		
				12p		
				1p		
				2p		
	Done		Done	3p		
				4p		
				5p		
				6p		
	Done		Done	7p		
				8p		

1 Sunday	
	Done	8a

29 Thursday		30 Friday		1 Sunday
				9a
				10a
				11a
	Done		Done	12p
				1p
				2p
				3p
	Done		Done	4p
				5p
				6p
				7p
	Done		Done	8p

		Remember To:

Classes	2 Monday	Block	3 Tuesday	Block	4 Wednesday	Block
		Done		Done		Done
		Done		Done		Done
		Done		Done		Done
		Done		Done		Done
		Done		Done		Done
		Done		Done		Done
		Done		Done		Done

After School			
2:00 PM			
3:00 PM			
4:00 PM			
5:00 PM			
6:00 PM			
7:00 PM			
8:00 PM			

5 Thursday	Block	6 Friday	Block	7 Saturday

		8a
		9a
		10a
Done	Done	11a
		12p
		1p
		2p
Done	Done	3p
		4p
		5p
		6p
Done	Done	7p
		8p

8 Sunday

		8a
		9a
		10a
		11a
Done	Done	12p
		1p
		2p
		3p
Done	Done	4p
		5p
		6p
		7p
Done	Done	8p

Remember To:

Notes

Classes

	9 Monday	Block	10 Tuesday	Block	11 Wednesday	Block
		Done		Done		Done
		Done		Done		Done
		Done		Done		Done
		Done		Done		Done
		Done		Done		Done
		Done		Done		Done

After School			
2:00 PM			
3:00 PM			
4:00 PM			
5:00 PM			
6:00 PM			
7:00 PM			
8:00 PM			

12 Thursday	Block	13 Friday	Block	14 Saturday
				8a
				9a
				10a
Done		Done		11a
				12p
				1p
				2p
Done		Done		3p
				4p
				5p
				6p
Done		Done		7p
				8p

15 Sunday

Done		Done		8a
				9a
				10a
				11a
Done		Done		12p
				1p
				2p
				3p
Done		Done		4p
				5p
				6p
				7p
Done		Done		8p

Remember To:

Notes

Classes	16 Monday	Block	17 Tuesday	Block	18 Wednesday	Block
		Done		Done		Done
		Done		Done		Done
		Done		Done		Done
		Done		Done		Done
		Done		Done		Done
		Done		Done		Done
		Done		Done		Done

After School			
2:00 PM			
3:00 PM			
4:00 PM			
5:00 PM			
6:00 PM			
7:00 PM			
8:00 PM			

19 Thursday	Block	20 Friday	Block	21 Saturday
				8a
				9a
				10a
	Done		Done	11a
				12p
				1p
				2p
	Done		Done	3p
				4p
				5p
				6p
	Done		Done	7p
				8p

22 Sunday
8a
9a
10a
11a
12p
1p
2p
3p
4p
5p
6p
7p
8p

Notes

Remember To:

Classes	23 Monday	Block	24 Tuesday	Block	25 Wednesday	Block
		Done		Done		Done
		Done		Done		Done
		Done		Done		Done
		Done		Done		Done
		Done		Done		Done
		Done		Done		Done
		Done		Done		Done

After School			
2:00 PM			
3:00 PM			
4:00 PM			
5:00 PM			
6:00 PM			
7:00 PM			
8:00 PM			

26 Thursday	Block	27 Friday	Block	28 Saturday
				8a
				9a
				10a
	Done		Done	11a
				12p
				1p
				2p
	Done		Done	3p
				4p
				5p
				6p
	Done		Done	7p
				8p

29 Sunday
8a
9a
10a
11a
12p
1p
2p
3p
4p
5p
6p
7p
8p

Remember To:

Notes

September 2021

Sun	Mon	Tues	Wed	Thurs	Fri	Sat
			1	2	3	4
5	6 Rosh Hashanah Begins Labor Day	7	8	9	10	11
12	13	14	15	16 Yom Kippur	17	18
19	20	21	22	23	24	25
26	27	28	29	30		

Classes	30 Monday	Block	31 Tuesday	Block	1 Wednesday	Block
		Done		Done		Done
		Done		Done		Done
		Done		Done		Done
		Done		Done		Done
		Done		Done		Done
		Done		Done		Done
		Done		Done		Done

After School			
2:00 PM			
3:00 PM			
4:00 PM			
5:00 PM			
6:00 PM			
7:00 PM			
8:00 PM			

2 Thursday	Block	3 Friday	Block	4 Saturday
				8a
				9a
				10a
Done		Done		11a
				12p
				1p
				2p
Done		Done		3p
				4p
				5p
				6p
Done		Done		7p
				8p

5 Sunday
8a
9a
10a
11a
12p
1p
2p
3p
4p
5p
6p
7p
8p

Done — Done

Done — Done

Remember To:

Notes

Classes	6 Monday	Block	7 Tuesday	Block	8 Wednesday	Block
		Done		Done		Done
		Done		Done		Done
		Done		Done		Done
		Done		Done		Done
		Done		Done		Done
		Done		Done		Done
		Done		Done		Done

After School			
2:00 PM			
3:00 PM			
4:00 PM			
5:00 PM			
6:00 PM			
7:00 PM			
8:00 PM			

9 Thursday	Block	10 Friday	Block	11 Saturday

		11 Saturday	
		8a	
		9a	
		10a	
Done	Done	11a	
		12p	
		1p	
		2p	
Done	Done	3p	
		4p	
		5p	
		6p	
Done	Done	7p	
		8p	

12 Sunday

Done	Done	8a
		9a
		10a
		11a
Done	Done	12p
		1p
		2p
		3p
Done	Done	4p
		5p
		6p
		7p
Done	Done	8p

Remember To:

Classes		13 Monday	Block	14 Tuesday	Block	15 Wednesday	Block
			Done		Done		Done
			Done		Done		Done
			Done		Done		Done
			Done		Done		Done
			Done		Done		Done
			Done		Done		Done
			Done		Done		Done

After School				
2:00 PM				
3:00 PM				
4:00 PM				
5:00 PM				
6:00 PM				
7:00 PM				
8:00 PM				

16 Thursday	Block	17 Friday	Block	18 Saturday
				8a
				9a
				10a
Done		Done		11a
				12p
				1p
				2p
Done		Done		3p
				4p
				5p
				6p
Done		Done		7p
				8p

19 Sunday
8a
9a
10a
11a
12p
1p
2p
3p
4p
5p
6p
7p
8p

Done Done

Done Done

Done Done

Remember To:

Notes

Classes			
	20 Monday	21 Tuesday	22 Wednesday
	Block	Block	Block

Classes	20 Monday	21 Tuesday	22 Wednesday
	Done	Done	Done
	Done	Done	Done
	Done	Done	Done
	Done	Done	Done
	Done	Done	Done
	Done	Done	Done
	Done	Done	Done

After School			
2:00 PM			
3:00 PM			
4:00 PM			
5:00 PM			
6:00 PM			
7:00 PM			
8:00 PM			

23 Thursday	Block	24 Friday	Block	25 Saturday
				8a
				9a
				10a
	Done		Done	11a
				12p
				1p
				2p
	Done		Done	3p
				4p
				5p
				6p
	Done		Done	7p
				8p

Notes

26 Sunday
8a
9a
10a
11a
12p
1p
2p
3p
4p
5p
6p
7p
8p

23 Thursday	Block	24 Friday	Block
	Done		Done
	Done		Done
	Done		Done
	Done		Done

Remember To:

October 2021

Sun	Mon	Tues	Wed	Thurs	Fri	Sat
					1	2
3	4	5	6	7	8	9
10	11 Columbus Day	12	13	14	15	16
17	18	19	20	21	22	23
24 31 Halloween	25	26	27	28	29	30

Classes

27 Monday	Block	28 Tuesday	Block	29 Wednesday	Block
	Done		Done		Done
	Done		Done		Done
	Done		Done		Done
	Done		Done		Done
	Done		Done		Done
	Done		Done		Done

After School			
2:00 PM			
3:00 PM			
4:00 PM			
5:00 PM			
6:00 PM			
7:00 PM			
8:00 PM			

30 Thursday	Block	1 Friday	Block	2 Saturday
				8a
				9a
				10a
	Done		Done	11a
				12p
				1p
				2p
	Done		Done	3p
				4p
				5p
				6p
	Done		Done	7p
				8p

3 Sunday

	Done		Done	8a
				9a
				10a
				11a
	Done		Done	12p
				1p
				2p
				3p
	Done		Done	4p
				5p
				6p
				7p
	Done		Done	8p

Notes

Remember To:

Classes	4 Monday	Block	5 Tuesday	Block	6 Wednesday	Block
		Done		Done		Done
		Done		Done		Done
		Done		Done		Done
		Done		Done		Done
		Done		Done		Done
		Done		Done		Done

After School			
2:00 PM			
3:00 PM			
4:00 PM			
5:00 PM			
6:00 PM			
7:00 PM			
8:00 PM			

7 Thursday	Block	8 Friday	Block	9 Saturday
				8a
				9a
				10a
	Done		Done	11a
				12p
				1p
				2p
	Done		Done	3p
				4p
				5p
				6p
	Done		Done	7p
				8p

10 Sunday
8a
9a
10a
11a
12p
1p
2p
3p
4p
5p
6p
7p
8p

Remember To:

Notes

Classes	11 Monday	Block	12 Tuesday	Block	13 Wednesday	Block
		Done		Done		Done
		Done		Done		Done
		Done		Done		Done
		Done		Done		Done
		Done		Done		Done
		Done		Done		Done
		Done		Done		Done

After School			
2:00 PM			
3:00 PM			
4:00 PM			
5:00 PM			
6:00 PM			
7:00 PM			
8:00 PM			

14 Thursday	Block	15 Friday	Block	16 Saturday	
				8a	
				9a	
				10a	
	Done		Done	11a	
				12p	
				1p	
				2p	
	Done		Done	3p	
				4p	
				5p	
				6p	
	Done		Done	7p	
				8p	

17 Sunday

14 Thursday		15 Friday		17 Sunday	
	Done		Done	8a	
				9a	
				10a	
				11a	
	Done		Done	12p	
				1p	
				2p	
				3p	
	Done		Done	4p	
				5p	
				6p	
				7p	
	Done		Done	8p	

Remember To:

Notes

Classes	18 Monday	Block	19 Tuesday	Block	20 Wednesday	Block
		Done		Done		Done
		Done		Done		Done
		Done		Done		Done
		Done		Done		Done
		Done		Done		Done
		Done		Done		Done
		Done		Done		Done

After School			
2:00 PM			
3:00 PM			
4:00 PM			
5:00 PM			
6:00 PM			
7:00 PM			
8:00 PM			

21 Thursday	Block	22 Friday	Block	23 Saturday	
				8a	
				9a	
				10a	
	Done		Done	11a	
				12p	
				1p	
				2p	
	Done		Done	3p	
				4p	
				5p	
				6p	
	Done		Done	7p	
				8p	

24 Sunday	
8a	
9a	
10a	
11a	
12p	
1p	
2p	
3p	
4p	
5p	
6p	
7p	
8p	

Done (21 Thursday) · Done (22 Friday)
Done (21 Thursday) · Done (22 Friday)
Done (21 Thursday) · Done (22 Friday)

		Remember To:

Notes

Classes	25 Monday	Block	26 Tuesday	Block	27 Wednesday	Block
		Done		Done		Done
		Done		Done		Done
		Done		Done		Done
		Done		Done		Done
		Done		Done		Done
		Done		Done		Done
		Done		Done		Done

After School			
2:00 PM			
3:00 PM			
4:00 PM			
5:00 PM			
6:00 PM			
7:00 PM			
8:00 PM			

28 Thursday	Block	29 Friday	Block	30 Saturday
				8a
				9a
				10a
	Done		Done	11a
				12p
				1p
				2p
	Done		Done	3p
				4p
				5p
				6p
	Done		Done	7p
				8p

Notes

31 Sunday
8a
9a
10a
11a
12p
1p
2p
3p
4p
5p
6p
7p
8p

Done Done
Done Done
Done Done

Remember To:

November 2021

Sun	Mon	Tues	Wed	Thurs	Fri	Sat
	1	2	3	4	5	6
7	8	9	10	11	12	13
14	15	16	17	18	19	20
21	22	23	24	25 Thanksgiving	26	27
28 Hanukkah Begins	29	30				

Classes

	1 Monday	Block	2 Tuesday	Block	3 Wednesday	Block
		Done		Done		Done
		Done		Done		Done
		Done		Done		Done
		Done		Done		Done
		Done		Done		Done
		Done		Done		Done

After School			
2:00 PM			
3:00 PM			
4:00 PM			
5:00 PM			
6:00 PM			
7:00 PM			
8:00 PM			

4 Thursday	Block	5 Friday	Block	6 Saturday
				8a
				9a
				10a
	Done		Done	11a
				12p
				1p
				2p
	Done		Done	3p
				4p
				5p
				6p
	Done		Done	7p
				8p

7 Sunday
8a
9a
10a
11a
12p
1p
2p
3p
4p
5p
6p
7p
8p

Notes

Remember To:

Classes	8 Monday	Block	9 Tuesday	Block	10 Wednesday	Block
		Done		Done		Done
		Done		Done		Done
		Done		Done		Done
		Done		Done		Done
		Done		Done		Done
		Done		Done		Done
		Done		Done		Done

After School			
2:00 PM			
3:00 PM			
4:00 PM			
5:00 PM			
6:00 PM			
7:00 PM			
8:00 PM			

11 Thursday	Block	12 Friday	Block	13 Saturday		Notes
				8a		
				9a		
				10a		
	Done		Done	11a		
				12p		
				1p		
				2p		
	Done		Done	3p		
				4p		
				5p		
				6p		
	Done		Done	7p		
				8p		

14 Sunday

				8a
				9a
				10a
	Done		Done	11a
				12p
				1p
				2p
	Done		Done	3p
				4p
				5p
				6p
	Done		Done	7p
				8p

Remember To:

Classes

15 Monday	Block	16 Tuesday	Block	17 Wednesday	Block
	Done		Done		Done
	Done		Done		Done
	Done		Done		Done
	Done		Done		Done
	Done		Done		Done
	Done		Done		Done

After School			
2:00 PM			
3:00 PM			
4:00 PM			
5:00 PM			
6:00 PM			
7:00 PM			
8:00 PM			

18 Thursday	Block	19 Friday	Block	20 Saturday
				8a
				9a
				10a
Done		Done		11a
				12p
				1p
				2p
Done		Done		3p
				4p
				5p
				6p
Done		Done		7p
				8p

21 Sunday
8a
9a
10a
11a
12p
1p
2p
3p
4p
5p
6p
7p
8p

Remember To:

Notes

Classes

	22 Monday	Block	23 Tuesday	Block	24 Wednesday	Block
		Done		Done		Done
		Done		Done		Done
		Done		Done		Done
		Done		Done		Done
		Done		Done		Done
		Done		Done		Done

After School			
2:00 PM			
3:00 PM			
4:00 PM			
5:00 PM			
6:00 PM			
7:00 PM			
8:00 PM			

25 Thursday	Block	26 Friday	Block	27 Saturday		Notes

		8a
		9a
		10a
Done	Done	11a
		12p
		1p
		2p
Done	Done	3p
		4p
		5p
		6p
Done	Done	7p
		8p

28 Sunday

		8a
		9a
		10a
		11a
Done	Done	12p
		1p
		2p
		3p
Done	Done	4p
		5p
		6p
		7p
Done	Done	8p

Remember To:

December 2021

Sun	Mon	Tues	Wed	Thurs	Fri	Sat
			1	2	3	4
5	6	7	8	9	10	11
12	13	14	15	16	17	18
19	20	21	22	23	24 Christmas Eve	25 Christmas Day
26 Kwanzaa Begins	27	28	29	30	31 New Year's Eve	

Classes

	29 Monday	Block	30 Tuesday	Block	1 Wednesday	Block
		Done		Done		Done
		Done		Done		Done
		Done		Done		Done
		Done		Done		Done
		Done		Done		Done
		Done		Done		Done

After School			
2:00 PM			
3:00 PM			
4:00 PM			
5:00 PM			
6:00 PM			
7:00 PM			
8:00 PM			

2 Thursday	Block	3 Friday	Block	4 Saturday
				8a
				9a
				10a
	Done		Done	11a
				12p
				1p
				2p
	Done		Done	3p
				4p
				5p
				6p
	Done		Done	7p
				8p

5 Sunday

				8a
				9a
				10a
				11a
	Done		Done	12p
				1p
				2p
				3p
	Done		Done	4p
				5p
				6p
				7p
	Done		Done	8p

Remember To:

Notes

Classes	6 Monday	Block	7 Tuesday	Block	8 Wednesday	Block
		Done		Done		Done
		Done		Done		Done
		Done		Done		Done
		Done		Done		Done
		Done		Done		Done
		Done		Done		Done
		Done		Done		Done

After School			
2:00 PM			
3:00 PM			
4:00 PM			
5:00 PM			
6:00 PM			
7:00 PM			
8:00 PM			

9 Thursday	Block	10 Friday	Block	11 Saturday
				8a
				9a
				10a
	Done		Done	11a
				12p
				1p
				2p
	Done		Done	3p
				4p
				5p
				6p
	Done		Done	7p
				8p

12 Sunday
8a
9a
10a
11a
12p
1p
2p
3p
4p
5p
6p
7p
8p

		Remember To:

Notes

Classes

	13 Monday	Block	14 Tuesday	Block	15 Wednesday	Block
		Done		Done		Done
		Done		Done		Done
		Done		Done		Done
		Done		Done		Done
		Done		Done		Done
		Done		Done		Done

After School			
2:00 PM			
3:00 PM			
4:00 PM			
5:00 PM			
6:00 PM			
7:00 PM			
8:00 PM			

16 Thursday	Block	17 Friday	Block	18 Saturday		Notes
				8a		
				9a		
				10a		
	Done		Done	11a		
				12p		
				1p		
				2p		
	Done		Done	3p		
				4p		
				5p		
				6p		
	Done		Done	7p		
				8p		

19 Sunday

	Done		Done	8a	
				9a	
				10a	
				11a	
	Done		Done	12p	
				1p	
				2p	
				3p	
	Done		Done	4p	
				5p	
				6p	
				7p	
	Done		Done	8p	

Remember To:

Classes

	20 Monday	Block	21 Tuesday	Block	22 Wednesday	Block
		Done		Done		Done
		Done		Done		Done
		Done		Done		Done
		Done		Done		Done
		Done		Done		Done
		Done		Done		Done

After School
2:00 PM
3:00 PM
4:00 PM
5:00 PM
6:00 PM
7:00 PM
8:00 PM

23 Thursday	Block	24 Friday	Block	25 Saturday

		8a
		9a
		10a
Done	Done	11a
		12p
		1p
		2p
Done	Done	3p
		4p
		5p
		6p
Done	Done	7p
		8p

26 Sunday

Done	Done	8a
		9a
		10a
		11a
Done	Done	12p
		1p
		2p
		3p
Done	Done	4p
		5p
		6p
		7p
Done	Done	8p

		Remember To:

Notes

January 2022

Sun	Mon	Tues	Wed	Thurs	Fri	Sat
						1 New Year's Day
2	3	4	5	6	7	8
9	10	11	12	13	14	15
16	17 Martin Luther King Jr. Day	18	19	20	21	22
23 / 30	24 / 31	25	26	27	28	29

Classes	27 Monday	Block	28 Tuesday	Block	29 Wednesday	Block
		Done		Done		Done
		Done		Done		Done
		Done		Done		Done
		Done		Done		Done
		Done		Done		Done
		Done		Done		Done
		Done		Done		Done

After School			
2:00 PM			
3:00 PM			
4:00 PM			
5:00 PM			
6:00 PM			
7:00 PM			
8:00 PM			

30 Thursday Block	31 Friday Block	1 Saturday
		8a
		9a
		10a
Done	Done	11a
		12p
		1p
		2p
Done	Done	3p
		4p
		5p
		6p
Done	Done	7p
		8p
		2 Sunday
Done	Done	8a
		9a
		10a
		11a
Done	Done	12p
		1p
		2p
		3p
Done	Done	4p
		5p
		6p
		7p
Done	Done	8p

Remember To:

Notes

Classes	3 Monday	Block	4 Tuesday	Block	5 Wednesday	Block
		Done		Done		Done
		Done		Done		Done
		Done		Done		Done
		Done		Done		Done
		Done		Done		Done
		Done		Done		Done
		Done		Done		Done

After School			
2:00 PM			
3:00 PM			
4:00 PM			
5:00 PM			
6:00 PM			
7:00 PM			
8:00 PM			

6 Thursday	Block	7 Friday	Block	8 Saturday		Notes
				8a		
				9a		
				10a		
	Done		Done	11a		
				12p		
				1p		
				2p		
	Done		Done	3p		
				4p		
				5p		
				6p		
	Done		Done	7p		
				8p		

9 Sunday
8a
9a
10a
11a
12p
1p
2p
3p
4p
5p
6p
7p
8p

Remember To:

Classes	10 Monday	Block	11 Tuesday	Block	12 Wednesday	Block
		Done		Done		Done
		Done		Done		Done
		Done		Done		Done
		Done		Done		Done
		Done		Done		Done
		Done		Done		Done
		Done		Done		Done

After School			
2:00 PM			
3:00 PM			
4:00 PM			
5:00 PM			
6:00 PM			
7:00 PM			
8:00 PM			

13 Thursday	Block	14 Friday	Block	15 Saturday
				8a
				9a
				10a
	Done		Done	11a
				12p
				1p
				2p
	Done		Done	3p
				4p
				5p
				6p
	Done		Done	7p
				8p

16 Sunday
8a
9a
10a
11a
12p
1p
2p
3p
4p
5p
6p
7p
8p

Notes

Remember To:

Classes	17 Monday	Block	18 Tuesday	Block	19 Wednesday	Block
		Done		Done		Done
		Done		Done		Done
		Done		Done		Done
		Done		Done		Done
		Done		Done		Done
		Done		Done		Done
		Done		Done		Done

After School			
2:00 PM			
3:00 PM			
4:00 PM			
5:00 PM			
6:00 PM			
7:00 PM			
8:00 PM			

20 Thursday	Block	21 Friday	Block	22 Saturday
				8a
				9a
				10a
Done		Done		11a
				12p
				1p
				2p
Done		Done		3p
				4p
				5p
				6p
Done		Done		7p
				8p

23 Sunday
8a
9a
10a
11a
12p
1p
2p
3p
4p
5p
6p
7p
8p

Done | Done

Done | Done

Remember To:

Notes

Classes	24 Monday	Block	25 Tuesday	Block	26 Wednesday	Block
		Done		Done		Done
		Done		Done		Done
		Done		Done		Done
		Done		Done		Done
		Done		Done		Done
		Done		Done		Done
		Done		Done		Done

After School			
2:00 PM			
3:00 PM			
4:00 PM			
5:00 PM			
6:00 PM			
7:00 PM			
8:00 PM			

27 Thursday	Block	28 Friday	Block	29 Saturday
				8a
				9a
				10a
	Done		Done	11a
				12p
				1p
				2p
	Done		Done	3p
				4p
				5p
				6p
	Done		Done	7p
				8p

30 Sunday
8a
9a
10a
11a
12p
1p
2p
3p
4p
5p
6p
7p
8p

Remember To:

Notes

February 2022

Sun	Mon	Tues	Wed	Thurs	Fri	Sat
		1	2 Groundhog Day	3	4	5
6	7	8	9	10	11	12 Lincoln's Birthday
13	14 Valentine's Day	15	16	17	18	19
20	21 Presidents' Day	22	23	24	25	26
27	28					

Classes	31 Monday	Block	1 Tuesday	Block	2 Wednesday	Block
		Done		Done		Done
		Done		Done		Done
		Done		Done		Done
		Done		Done		Done
		Done		Done		Done
		Done		Done		Done
		Done		Done		Done

After School			
2:00 PM			
3:00 PM			
4:00 PM			
5:00 PM			
6:00 PM			
7:00 PM			
8:00 PM			

3 Thursday	Block	4 Friday	Block	5 Saturday
				8a
				9a
				10a
	Done		Done	11a
				12p
				1p
				2p
	Done		Done	3p
				4p
				5p
				6p
	Done		Done	7p
				8p

6 Sunday
8a
9a
10a
11a
12p
1p
2p
3p
4p
5p
6p
7p
8p

Remember To:

Notes

Classes	7 Monday	Block	8 Tuesday	Block	9 Wednesday	Block
		Done		Done		Done
		Done		Done		Done
		Done		Done		Done
		Done		Done		Done
		Done		Done		Done
		Done		Done		Done
		Done		Done		Done

After School			
2:00 PM			
3:00 PM			
4:00 PM			
5:00 PM			
6:00 PM			
7:00 PM			
8:00 PM			

10 Thursday	Block	11 Friday	Block	12 Saturday
				8a
				9a
				10a
	Done		Done	11a
				12p
				1p
				2p
	Done		Done	3p
				4p
				5p
				6p
	Done		Done	7p
				8p

13 Sunday
8a
9a
10a
11a
12p
1p
2p
3p
4p
5p
6p
7p
8p

	Done		Done	
	Done		Done	
	Done		Done	

Notes

Remember To:

Classes	14 Monday	Block	15 Tuesday	Block	16 Wednesday	Block
		Done		Done		Done
		Done		Done		Done
		Done		Done		Done
		Done		Done		Done
		Done		Done		Done
		Done		Done		Done
		Done		Done		Done

After School			
2:00 PM			
3:00 PM			
4:00 PM			
5:00 PM			
6:00 PM			
7:00 PM			
8:00 PM			

17 Thursday	Block	18 Friday	Block	19 Saturday
				8a
				9a
				10a
	Done		Done	11a
				12p
				1p
				2p
	Done		Done	3p
				4p
				5p
				6p
	Done		Done	7p
				8p

20 Sunday
8a
9a
10a
11a
12p
1p
2p
3p
4p
5p
6p
7p
8p

Remember To:

Notes

Classes	21 Monday	Block	22 Tuesday	Block	23 Wednesday	Block
		Done		Done		Done
		Done		Done		Done
		Done		Done		Done
		Done		Done		Done
		Done		Done		Done
		Done		Done		Done
		Done		Done		Done

After School			
2:00 PM			
3:00 PM			
4:00 PM			
5:00 PM			
6:00 PM			
7:00 PM			
8:00 PM			

24 Thursday	Block	25 Friday	Block	26 Saturday
				8a
				9a
				10a
	Done		Done	11a
				12p
				1p
				2p
	Done		Done	3p
				4p
				5p
				6p
	Done		Done	7p
				8p

27 Sunday
8a
9a
10a
11a
12p
1p
2p
3p
4p
5p
6p
7p
8p

Done (24 Thursday), Done (25 Friday)
Done (24 Thursday), Done (25 Friday)
Done (24 Thursday), Done (25 Friday)

Remember To:

Notes

March 2022

Sun	Mon	Tues	Wed	Thurs	Fri	Sat
		1	2	3	4	5
6	7	8	9	10	11	12
13	14	15	16	17 St. Patrick's Day	18	19
20	21	22	23	24	25	26
27	28	29	30	31		

Classes	28 Monday	Block	1 Tuesday	Block	2 Wednesday	Block
		Done		Done		Done
		Done		Done		Done
		Done		Done		Done
		Done		Done		Done
		Done		Done		Done
		Done		Done		Done
		Done		Done		Done

After School			
2:00 PM			
3:00 PM			
4:00 PM			
5:00 PM			
6:00 PM			
7:00 PM			
8:00 PM			

3 Thursday	Block	4 Friday	Block	5 Saturday		Notes
				8a		
				9a		
				10a		
Done		Done		11a		
				12p		
				1p		
				2p		
Done		Done		3p		
				4p		
				5p		
				6p		
Done		Done		7p		
				8p		

6 Sunday
8a
9a
10a
11a
12p
1p
2p
3p
4p
5p
6p
7p
8p

Remember To:

Classes	7 Monday	Block	8 Tuesday	Block	9 Wednesday	Block
		Done		Done		Done
		Done		Done		Done
		Done		Done		Done
		Done		Done		Done
		Done		Done		Done
		Done		Done		Done
		Done		Done		Done

After School			
2:00 PM			
3:00 PM			
4:00 PM			
5:00 PM			
6:00 PM			
7:00 PM			
8:00 PM			

March 2022

10 Thursday	11 Friday	12 Saturday
Block	Block	8a
		9a
		10a
Done	Done	11a
		12p
		1p
		2p
Done	Done	3p
		4p
		5p
		6p
Done	Done	7p
		8p
		13 Sunday
Done	Done	8a
		9a
		10a
		11a
Done	Done	12p
		1p
		2p
		3p
Done	Done	4p
		5p
		6p
		7p
Done	Done	8p

Remember To:

Notes

Classes	14 Monday	Block	15 Tuesday	Block	16 Wednesday	Block
		Done		Done		Done
		Done		Done		Done
		Done		Done		Done
		Done		Done		Done
		Done		Done		Done
		Done		Done		Done
		Done		Done		Done

After School			
2:00 PM			
3:00 PM			
4:00 PM			
5:00 PM			
6:00 PM			
7:00 PM			
8:00 PM			

March 2022

17 Thursday	18 Friday	19 Saturday
Block	Block	8a
		9a
		10a
Done	Done	11a
		12p
		1p
		2p
Done	Done	3p
		4p
		5p
		6p
Done	Done	7p
		8p
		20 Sunday
Done	Done	8a
		9a
		10a
		11a
Done	Done	12p
		1p
		2p
		3p
Done	Done	4p
		5p
		6p
		7p
Done	Done	8p

Remember To:

Notes

Classes		21 Monday	Block	22 Tuesday	Block	23 Wednesday	Block
			Done		Done		Done
			Done		Done		Done
			Done		Done		Done
			Done		Done		Done
			Done		Done		Done
			Done		Done		Done
			Done		Done		Done

After School				
2:00 PM			
3:00 PM			
4:00 PM			
5:00 PM			
6:00 PM			
7:00 PM			
8:00 PM			

24 Thursday	Block	25 Friday	Block	26 Saturday	Notes
				8a	
				9a	
				10a	
	Done		Done	11a	
				12p	
				1p	
				2p	
	Done		Done	3p	
				4p	
				5p	
				6p	
	Done		Done	7p	
				8p	

27 Sunday
8a
9a
10a
11a
12p
1p
2p
3p
4p
5p
6p
7p
8p

Remember To:

April 2022

Sun	Mon	Tues	Wed	Thurs	Fri	Sat
					1 April Fool's Day	2
3	4	5	6	7	8	9
10	11	12	13	14	15 Passover Begins Good Friday	16
17 Easter	18	19	20	21	22 Earth Day	23
24	25	26	27	28	29	30

Classes	28 Monday	Block	29 Tuesday	Block	30 Wednesday	Block
		Done		Done		Done
		Done		Done		Done
		Done		Done		Done
		Done		Done		Done
		Done		Done		Done
		Done		Done		Done
		Done		Done		Done

After School			
2:00 PM			
3:00 PM			
4:00 PM			
5:00 PM			
6:00 PM			
7:00 PM			
8:00 PM			

March/April 2022

31 Thursday Block	1 Friday Block	2 Saturday
		8a
		9a
		10a
Done	Done	11a
		12p
		1p
		2p
Done	Done	3p
		4p
		5p
		6p
Done	Done	7p
		8p
		3 Sunday
Done	Done	8a
		9a
		10a
		11a
Done	Done	12p
		1p
		2p
		3p
Done	Done	4p
		5p
		6p
		7p
Done	Done	8p

		Remember To:

Notes

Classes	4 Monday	Block	5 Tuesday	Block	6 Wednesday	Block
		Done		Done		Done
		Done		Done		Done
		Done		Done		Done
		Done		Done		Done
		Done		Done		Done
		Done		Done		Done
		Done		Done		Done

After School			
2:00 PM			
3:00 PM			
4:00 PM			
5:00 PM			
6:00 PM			
7:00 PM			
8:00 PM			

7 Thursday	Block	8 Friday	Block	9 Saturday
				8a
				9a
				10a
Done		Done		11a
				12p
				1p
				2p
Done		Done		3p
				4p
				5p
				6p
Done		Done		7p
				8p

10 Sunday

				8a
				9a
				10a
				11a
Done		Done		12p
				1p
				2p
				3p
Done		Done		4p
				5p
				6p
				7p
Done		Done		8p

Remember To:

Notes

Classes	11 Monday	Block	12 Tuesday	Block	13 Wednesday	Block
		Done		Done		Done
		Done		Done		Done
		Done		Done		Done
		Done		Done		Done
		Done		Done		Done
		Done		Done		Done
		Done		Done		Done

After School			
2:00 PM			
3:00 PM			
4:00 PM			
5:00 PM			
6:00 PM			
7:00 PM			
8:00 PM			

14 Thursday	Block	15 Friday	Block	16 Saturday

		8a
		9a
		10a
Done	Done	11a
		12p
		1p
		2p
Done	Done	3p
		4p
		5p
		6p
Done	Done	7p
		8p

17 Sunday

		8a
		9a
		10a
		11a
Done	Done	12p
		1p
		2p
		3p
Done	Done	4p
		5p
		6p
		7p
Done	Done	8p

Remember To:

Notes

Classes	18 Monday	Block	19 Tuesday	Block	20 Wednesday	Block
		Done		Done		Done
		Done		Done		Done
		Done		Done		Done
		Done		Done		Done
		Done		Done		Done
		Done		Done		Done
		Done		Done		Done

After School			
2:00 PM			
3:00 PM			
4:00 PM			
5:00 PM			
6:00 PM			
7:00 PM			
8:00 PM			

21 Thursday	Block	22 Friday	Block	23 Saturday
				8a
				9a
				10a
Done		Done		11a
				12p
				1p
				2p
Done		Done		3p
				4p
				5p
				6p
Done		Done		7p
				8p

24 Sunday

21 Thursday	22 Friday	24 Sunday
		8a
Done	Done	
		9a
		10a
		11a
Done	Done	12p
		1p
		2p
		3p
Done	Done	4p
		5p
		6p
		7p
Done	Done	8p

Remember To:

May 2022

Sun	Mon	Tues	Wed	Thurs	Fri	Sat
1	2	3	4	5	6	7
8 Mother's Day	9	10	11	12	13	14
15	16	17	18	19	20	21
22	23	24	25	26	27	28
29	30 Memorial Day	31				

Classes

25 Monday	Block	26 Tuesday	Block	27 Wednesday	Block
	Done		Done		Done
	Done		Done		Done
	Done		Done		Done
	Done		Done		Done
	Done		Done		Done
	Done		Done		Done

After School			
2:00 PM			
3:00 PM			
4:00 PM			
5:00 PM			
6:00 PM			
7:00 PM			
8:00 PM			

28 Thursday	Block	29 Friday	Block	30 Saturday	
				8a	
				9a	
				10a	
	Done		Done	11a	
				12p	
				1p	
				2p	
	Done		Done	3p	
				4p	
				5p	
				6p	
	Done		Done	7p	
				8p	

1 Sunday
8a
9a
10a
11a
12p
1p
2p
3p
4p
5p
6p
7p
8p

Remember To:

Notes

Classes	2 Monday	Block	3 Tuesday	Block	4 Wednesday	Block
		Done		Done		Done
		Done		Done		Done
		Done		Done		Done
		Done		Done		Done
		Done		Done		Done
		Done		Done		Done
		Done		Done		Done

After School			
2:00 PM			
3:00 PM			
4:00 PM			
5:00 PM			
6:00 PM			
7:00 PM			
8:00 PM			

5 Thursday	Block	6 Friday	Block	7 Saturday		Notes
				8a		
				9a		
				10a		
	Done		Done	11a		
				12p		
				1p		
				2p		
	Done		Done	3p		
				4p		
				5p		
				6p		
	Done		Done	7p		
				8p		

8 Sunday

				8a
				9a
				10a
	Done		Done	11a
				12p
				1p
				2p
				3p
	Done		Done	4p
				5p
				6p
				7p
	Done		Done	8p

Remember To:

Classes

9 Monday	Block	10 Tuesday	Block	11 Wednesday	Block
	Done		Done		Done
	Done		Done		Done
	Done		Done		Done
	Done		Done		Done
	Done		Done		Done
	Done		Done		Done

After School			
2:00 PM			
3:00 PM			
4:00 PM			
5:00 PM			
6:00 PM			
7:00 PM			
8:00 PM			

12 Thursday	Block	13 Friday	Block	14 Saturday		Notes
				8a		
				9a		
				10a		
	Done		Done	11a		
				12p		
				1p		
				2p		
	Done		Done	3p		
				4p		
				5p		
				6p		
	Done		Done	7p		
				8p		

		15 Sunday
	Done	Done	8a
			9a
			10a
			11a
	Done	Done	12p
			1p
			2p
			3p
	Done	Done	4p
			5p
			6p
			7p
	Done	Done	8p

12 Thursday	13 Friday	Remember To:

Classes	16 Monday	Block	17 Tuesday	Block	18 Wednesday	Block
		Done		Done		Done
		Done		Done		Done
		Done		Done		Done
		Done		Done		Done
		Done		Done		Done
		Done		Done		Done
		Done		Done		Done

After School			
2:00 PM			
3:00 PM			
4:00 PM			
5:00 PM			
6:00 PM			
7:00 PM			
8:00 PM			

19 Thursday	Block	20 Friday	Block	21 Saturday		Notes
				8a		
				9a		
				10a		
	Done		Done	11a		
				12p		
				1p		
				2p		
	Done		Done	3p		
				4p		
				5p		
				6p		
	Done		Done	7p		
				8p		

		22 Sunday
	Done	Done	8a
			9a
			10a
			11a
	Done	Done	12p
			1p
			2p
			3p
	Done	Done	4p
			5p
			6p
			7p
	Done	Done	8p

		Remember To:

Classes

23 Monday	Block	24 Tuesday	Block	25 Wednesday	Block
	Done		Done		Done
	Done		Done		Done
	Done		Done		Done
	Done		Done		Done
	Done		Done		Done
	Done		Done		Done
	Done		Done		Done

After School			
2:00 PM			
3:00 PM			
4:00 PM			
5:00 PM			
6:00 PM			
7:00 PM			
8:00 PM			

26 Thursday Block	27 Friday Block	28 Saturday
		8a
		9a
		10a
Done	Done	11a
		12p
		1p
		2p
Done	Done	3p
		4p
		5p
		6p
Done	Done	7p
		8p
		29 Sunday
Done	Done	8a
		9a
		10a
		11a
Done	Done	12p
		1p
		2p
		3p
Done	Done	4p
		5p
		6p
		7p
Done	Done	8p

Remember To:

Notes

June 2022

Sun	Mon	Tues	Wed	Thurs	Fri	Sat
			1	2	3	4
5	6	7	8	9	10	11
12	13	14 Flag Day	15	16	17	18
19 Father's Day	20	21	22	23	24	25
26	27	28	29	30		

Classes	30 Monday	Block	31 Tuesday	Block	1 Wednesday	Block
		Done		Done		Done
		Done		Done		Done
		Done		Done		Done
		Done		Done		Done
		Done		Done		Done
		Done		Done		Done
		Done		Done		Done

After School			
2:00 PM			
3:00 PM			
4:00 PM			
5:00 PM			
6:00 PM			
7:00 PM			
8:00 PM			

2 Thursday	Block	3 Friday	Block	4 Saturday
				8a
				9a
				10a
	Done		Done	11a
				12p
				1p
				2p
	Done		Done	3p
				4p
				5p
				6p
	Done		Done	7p
				8p

5 Sunday
			Done		Done	8a

2 Thursday		3 Friday		5 Sunday
	Done		Done	8a
				9a
				10a
				11a
	Done		Done	12p
				1p
				2p
				3p
	Done		Done	4p
				5p
				6p
				7p
	Done		Done	8p

Notes

Remember To:

Classes	6 Monday	Block	7 Tuesday	Block	8 Wednesday	Block
		Done		Done		Done
		Done		Done		Done
		Done		Done		Done
		Done		Done		Done
		Done		Done		Done
		Done		Done		Done
		Done		Done		Done

After School			
2:00 PM			
3:00 PM			
4:00 PM			
5:00 PM			
6:00 PM			
7:00 PM			
8:00 PM			

9 Thursday	Block	10 Friday	Block	11 Saturday

				8a
				9a
				10a
	Done		Done	11a
				12p
				1p
				2p
	Done		Done	3p
				4p
				5p
				6p
	Done		Done	7p
				8p

12 Sunday

				8a
	Done		Done	9a
				10a
				11a
	Done		Done	12p
				1p
				2p
				3p
	Done		Done	4p
				5p
				6p
				7p
	Done		Done	8p

Notes

Remember To:

Classes

	13 Monday	Block	14 Tuesday	Block	15 Wednesday	Block
		Done		Done		Done
		Done		Done		Done
		Done		Done		Done
		Done		Done		Done
		Done		Done		Done
		Done		Done		Done

After School			
2:00 PM			
3:00 PM			
4:00 PM			
5:00 PM			
6:00 PM			
7:00 PM			
8:00 PM			

16 Thursday	Block	17 Friday	Block	18 Saturday
	Done		Done	8a
				9a
				10a
				11a

16 Thursday		17 Friday		18 Saturday
				12p
				1p
				2p
	Done		Done	3p
				4p
				5p
				6p
	Done		Done	7p
				8p

19 Sunday

				8a
				9a
				10a
				11a
	Done		Done	12p
				1p
				2p
				3p
	Done		Done	4p
				5p
				6p
				7p
	Done		Done	8p

Remember To:

Notes

Classes	20 Monday	Block	21 Tuesday	Block	22 Wednesday	Block
		Done		Done		Done
		Done		Done		Done
		Done		Done		Done
		Done		Done		Done
		Done		Done		Done
		Done		Done		Done
		Done		Done		Done

After School			
2:00 PM			
3:00 PM			
4:00 PM			
5:00 PM			
6:00 PM			
7:00 PM			
8:00 PM			

23 Thursday	Block	24 Friday	Block	25 Saturday
				8a
				9a
				10a
	Done		Done	11a
				12p
				1p
				2p
	Done		Done	3p
				4p
				5p
				6p
	Done		Done	7p
				8p

26 Sunday

		8a
		9a
		10a
		11a
Done	Done	12p
		1p
		2p
		3p
Done	Done	4p
		5p
		6p
		7p
Done	Done	8p

Remember To:

Classes	27 Monday	Block	28 Tuesday	Block	29 Wednesday	Block
		Done		Done		Done
		Done		Done		Done
		Done		Done		Done
		Done		Done		Done
		Done		Done		Done
		Done		Done		Done
		Done		Done		Done

After School			
2:00 PM			
3:00 PM			
4:00 PM			
5:00 PM			
6:00 PM			
7:00 PM			
8:00 PM			

30 Thursday	Block	1 Friday	Block	2 Saturday
				8a
				9a
				10a
	Done		Done	11a
				12p
				1p
				2p
	Done		Done	3p
				4p
				5p
				6p
	Done		Done	7p
				8p

3 Sunday
8a
9a
10a
11a
12p
1p
2p
3p
4p
5p
6p
7p
8p

Notes

Remember To: